LES
CINQUANTE MILLIONS

POUR LA

COLONISATION OFFICIELLE

en Algérie

PAR

Léon MATHISS

IMPRIMERIE TYPOGRAPHIQUE JULES BREUQ, BEL-ABBÈS

1883

LES
CINQUANTE MILLIONS

POUR LA

Colonisation Officielle

en Algérie

PAR

Léon MATHISS

IMPRIMERIE TYPOGRAPHIQUE JULES BREUCQ, BEL-ABBÈS

1883

A

Monsieur TIRMAN

GOUVERNEUR, GÉNÉRAL CIVIL DE L'ALGÉRIE

Hommage très-respectueux

de son obéissant serviteur,

Léon MATHISS.

SOMMAIRE

Introduction

But de cette étude

L'œuvre capitale de M. le Gouverneur général Albert Grévy a été de soumettre le Tell algérien, presque tout entier, à l'autorité civile, qui a eu le temps de s'affermir sur les territoires militaires annexés. Il appartient à son successeur, M. Tirman, de compléter cette mesure importante par la tâche, plus difficile, de coloniser toute cette région.

Nous ne reviendrons pas, ici, sur les raisons politiques et économiques militant en faveur de l'exécution d'un programme général qui a fait l'objet d'une demande de crédit de cinquante millions. Nous les avons développées ailleurs, il y a plus d'un an, et des voi x autorisées en ont fait ressortir éloquemment les avantages, soit devant la Commission du budget, soit au sein de la Chambre des députés.

Au point de vue national, l'exécution d'un projet d'ensemble permettra d'installer, en Algérie, à bref délai, une population française assez dense pour faire contrepoids, d'abord à l'élément étranger Européen, puis à l'élément Indigène, avec le temps ; de faire pénétrer, à la fois, dans les tribus, des centres assez nombreux pour assurer leur sécurité par le mutuel appui qu'ils peuvent se prêter et par les voies de communication créées ; enfin, d'accroître très-rapidement la richesse générale de la Colonie.

Au point de vue des Indigènes, la réalisation du programme général amènera l'amélioration de leurs cultures, la plus-value de leurs terres et de leurs produits, et ils profiteront des travaux publics exécutés.

Pour assurer la réussite d'une opération aussi vaste, aussi difficile, et pour laquelle les sacrifices à consentir par la métropole sont si considérables, il importe qu'elle soit conduite avec la plus grande méthode, que toutes les difficultés pratiques en soient, autant que possible, prévues ; qu'un plan général soit combiné d'avance et poursuivi avec ordre ; enfin, que des instructions précises soient adressées à tous ceux qui seront appelés à y collaborer.

C'est dans cette pensée que nous essaierons d'examiner quelques-unes des modifications à apporter aux errements en vigueur dans la colonisation officielle, et d'indiquer certaines solutions pratiques qui nous ont paru devoir être adoptées pour l'exécution du programme général.

DE

l'Emploi des Cinquante millions

pour

la Colonisation officielle en Algérie

FORMATION IMMÉDIATE DU DOMAINE COLONISABLE

Economie pour le Trésor

Le projet présenté au Parlement par M. le Gouverneur général comprend l'acquisition de quatre cent mille hectares, par voie d'expropriation. Il nous semble logique et conforme aux intérêts du Trésor de commencer par cette opération la plus délicate. En s'assurant la disponibilité des territoires nécessaires, l'Etat préviendrait en partie les agissements des spéculateurs qui s'emparent des terres destinées à la colonisation, dans le seul but de les revendre à un taux plus élevé ; le Trésor bénéficierait du prix actuel, encore peu élevé, des terres, dans les tribus, et n'aurait pas à subir, ultérieurement, la plus-value considérable que leur donneront les travaux de viabilité successivement entrepris dans chaque région pénétrée par la colonisation. L'économie à réaliser de ce chef est d'une haute importance, nous croyons pouvoir l'évaluer à une dizaine de millions, au moins.

Qu'il nous soit même permis de supposer qu'elle eût été plus sensible encore, peut-être, si l'administration s'était dispensée de désigner elle-même aux spéculateurs, par les études sur place des Commissions d'arrondissement composées de nombreux membres, les territoires qu'elle se propose d'acquérir pour l'exécution du programme général. Les renseignements fournis plus discrètement par les administrateurs des communes mixtes, il y a un an, nous eussent semblé suffisants comme pièces justificatives, à l'appui de la demande de crédit de cinquante millions.

Il ne saurait y avoir aucun inconvénient à ce que l'acquisition des terres précède des études approfondies sur les créations projetées.

En admettant, en effet, qu'un examen ultérieur plus complet fasse reconnaître la nécessité de renoncer à un ou plusieurs de ces centres — et ces cas sont rares — l'Etat gardera la ressource d'utiliser les territoires dont il s'est assuré la propriété, en donnant des compensations territoriales aux indigènes expropriés sur d'autres points, ou en les revendant avec le bénéfice considérable de la plus value que leur donne la constitution de la propriété opérée par l'expropriation. Nous ferons remarquer, à cette occasion, que c'est à ce motif qu'il faut attribuer le fait dénoncé à la tribune de la Chambre des députés que, dans le courant du dernier exercice, la moyenne du prix d'achat direct de terres par les Européens aux Indigènes n'aurait été que 200 francs, alors que la moyenne du prix de l'opération inverse de l'acquisition par les Indigènes se serait élevé au double ; que, de même, le domaine aurait revendu ses terres, en moyenne, à 250 francs l'hectare, tandis que les expropriations auraient coûté au Trésor 92 francs l'hectare, pendant la même période. Cette différence ne tient pas seulement à l'état de la propriété, mais aussi à l'éloignement de ces territoires des centres Européens et des voies de communication. Les terrains domaniaux vendus comprenaient, d'ailleurs, des lots urbains.

Avantages pour les Indigènes

Les Indigènes ont tout intérêt à ce que le prélèvement à opérer sur leurs terres de culture se fasse en bloc et le plus tôt possible, afin d'être, désormais, à l'abri de toute dépossession nouvelle, du fait de l'Etat.

Jusqu'à l'achèvement des travaux permettant le peuplement européen dans de bonnes conditions, ces terres leur seront louées. Prévenus d'avance, ils se disperseront insensiblement, soit d'eux-mêmes, en utilisant pour des acquisitions territoriales les indemnités qui leur auront été payées longtemps auparavant, soit avec l'appui de l'administration, qui les installera sur d'autres points, lesquels ne seront plus désignés à la hâte, comme dans le passé.

Le temps est le grand remède, le seul efficace contre l'imprévoyance des Indigènes, signalée à juste titre, et qui les amène, quand ils sont surpris par une dépossession subite, à dissiper les indemnités en argent et même en terre qui leur sont données, sans se soucier de l'a enir précaire qu'ils se préparent ainsi. L'expérience prouve que l'Indigène, troublé après une longue jouissance, ne reprend qu'à la longue de nouvelles habitudes.

EXPROPRIATIONS

—

Échanges

L'administration supérieure a décidé que des compensations territoriales seraient données de préférence, quand elle le pourrait. A cet effet, suivant les nouvelles instructions, les commissions d'arrondissement ont dû annexer à toute proposition de création de centre, un rapport spécial sur la situation qui sera faite aux indigènes et la quantité approximative de terres qui restera à chaque groupe de population compris dans le périmètre à exproprier . Il importe que ces indications soient rectifiées et consignées exactement dans le procès-verbal de reconnaissance de la propriété quand il y sera procédé.

Si l'administration dispose de terres domaniales voisines du centre en projet, elle s'en servira pour faire des échanges.

—

Expropriations supplémentaires

Sinon, il y aura lieu d'examiner la possibilité d'exproprier une certaine étendue de terres situées en dehors du périmètre de colonisation, pour les répartir entre les indigènes le plus gravement atteints par l'expropriation. Cette combinaison présente, nous en convenons, certaines difficultés pratiques exigeant de la part des employés une attention soutenue et nécéssitant une vérification minutieuse : elle a, d'ailleurs, été déjà expérimentée avec succès. Mais la légalité en ayant été mise en doute au point de vue de l'observation rigoureuse des lois et décrets d'expropriation en vigueur en Algérie, il serait utile d'en faire l'objet d'une disposition spéciale dans la loi des cinquante millions à intervenir.

—

Indemnités pécuniaires

Enfin, en cas d'absolue nécessité, le soin de faire un remploi sera laissé aux indigènes, et c'est pour leur en fournir les moyens qu'il a été entendu que toute prise de possession serait précédée du paiement préalable des indemnités.

Si l'administration algérienne donnait, comme nous le proposons, à la constitution du domaine colonisable la priorité dans l'ordre des opérations du programme général, les retards inévitables qui se sont produits quelquefois dans le règlement des indemnités d'expropriation ne lèseraient plus jamais les indigènes.

Quoiqu'il en soit, M. le Gouverneur général a pris solennellement l'engagement, devant la Commission du budget, de faire payer intégralement aux Indigènes les indemnités d'expropriation auxquelles ils ont droit et d'abréger la procédure ; de son côté, le rapporteur de cette Commission, M. Thomson, a promis à la tribune de la Chambre des députés que la loi des cinquante millions mentionnerait l'obligation expresse, pour l'administration, de payer les indemnités d'expropriation avant de pouvoir prendre possession des terres.

Nous ferons remarquer que l'article 48 de l'ordonnance du 1er octobre 1844 et l'article 18 de la loi du 16 juin 1850 avaient déjà consacré ce principe de l'inviolabilité de la propriété, si ce n'est pour cause d'utilité publique et moyennant juste et préalable indemnité, principe fondamental inscrit dans l'article 545 du code civil. Le décret du 11 juin 1858 autorise, il est vrai, exceptionnellement, la prise de possession d'urgence après l'accomplissement de formalités sommaires et consignation. Mais des instructions précises, contenues dans une circulaire du gouvernement général, en 1877, recommandaient de n'user de cette faculté qu'en cas de contestations sur la propriété par des tiers, ou de refus d'acceptation des offres.

—

Causes des retards dans les liquidations

Il importe d'examiner pourquoi ces prescriptions formelles n'ont pas pu toujours être suivies et de reconnaître les véritables causes des retards qui se sont produits parfois dans la liquidation des indemnités à payer aux Indigènes, et cela, même lorsque les propriétaires dépossédés étaient disposés à accepter les offres de l'administration et qu'aucune contestation n'était élevée contre le payement par des tiers.

—

Actes de notoriété

Lorsque l'application de la loi du 26 juillet 1873, pour la reconnaissance de la propriété, n'a pas été faite dans un territoire destiné à être livré à la colonisation, l'expropriation y est poursuivie contre les détenteurs ou propriétaires apparents. L'administration n'a, dès lors, pas les éléments nécessaires pour vérifier les droits de propriété, conformément aux prescriptione de l'article 32 de l'ordonnance de 1844, ni pour requérir des conservateurs la délivrance des états constatant la situation hypothécaire quinzaine après transcription de l'arrêté d'expropriation. Les indigènes n'ayant pas, en général, des titres réguliers justifiant de leurs droits de propriété, exiger d'eux cette production équivaudrait à une spoliation .

La circulaire précitée de 1877 prescrit d'y suppléer par des actes de notoriété dressés par les cadhis. Cette tâche est de longue haleine par suite du morcellement considérable de la propriété parmi les indigènes ; elle nécessite des transports prolongés sur les lieux et une étude attentive des plans parcellaires d'expropriation avec lesquels les magistrats musulmans sont peu familiarisés. Ne relevant que de l'autorité judiciaire, ils n'accueillent pas toujours volontiers les renseignements ou avis de l'administration.

Le tarif adopté de cinq francs par acte, tous frais compris, même ceux de transcription sur leur registre, leur ayant paru, d'ailleurs, peu rémunérateur, les cadhis ont, généralement, opposé la force d'inertie et retardé, dans certains cas, les règlements d'indemnités pendant des années, malgré les instances de l'autorité administrative locale

Pour échapper à ces lenteurs interminables, les administrateurs de communes mixtes ont été chargés de rédiger en français ces actes de notoriété, au nom du cadhi ; le rôle de ce dernier se borne à signer et à transcrire sur son registre les actes qui lui sont transmis, après traduction, par un employé primé pour la langue arabe.

Il est bien entendu qu'en cas de contestations l'administrateur, après avoir épuisé les voies de conciliation, s'abstient et renvoie les parties intéressées devant leur juge naturel qui est le magistrat musulman.

Ce mode de procéder a souvent donné de bons résultats, à la condition que les fonctionnaires chargés de cette tâche délicate aient une connaissance approfondie des règles du droit musulman, en matière de successions, donations et de droits réels sur la propriété.

Tel n'est pas le cas de tous les administrateurs ; surchargés, du reste, de besogne, pour la direction des affaires courantes et astreints à des tournées fréquentes dans les tribus de leur territoire, qui est très-étendu, il leur est difficile, pour ne pas dire impossible, de mener rapidement à bonne fin un travail aussi long, demandant beaucoup d'esprit de suite ; quant à leurs auxiliaires, ils réunissent rarement les conditions d'aptitude nécessaires pour la rédaction d'actes d'une importance aussi grave pour les intéressés.

C'est sur ce point qu'il y a lieu de remédier à la situation, dans la procédure des expropriations, soit que l'on constitue tout d'abord le domaine colonisable, car alors cette opération pourrait être indéfiniment retardée, soit que les terres nécessaires à l'exécution du programme général soient acquises au fur et à mesure des besoins, comme dans le passé. —

Application de la loi du 26 juillet

Sans doute, la meilleure des solutions consisterait à appliquer, au préalable, la loi du 26 juillet 1873 dans tous les douars-communes indigènes où des centres sont projetés. L'Etat y trouverait la garantie d'une recherche minutieuse de tous les terrains pouvant être classés comme domaniaux, principalement parmi ceux dits Sabegas ou collectifs de culture.

Aussi, ce moyen a-t-il été déjà tenté par l'administration. Mais la liquidation des indemnités s'est trouvée ainsi subordonnée à l'homologation du travail du commissaire enquêteur, qui n'intervient qu'à l'expiration des délais extraordinaires et des formalités compliquées, prévus par cette loi. Les modifications que le Conseil supérieur, saisi de cette question dans sa dernière session, propose d'y apporter, pour remédier à ses inconvénients, ne seront probablement pas sanctionnées, à bref délai, par le Parlement. Or, la procédure actuelle a toujours retardé la liquidation des indemnités pendant trop longtemps pour que ce mode d'opérer soit pratique.

Il deviendrait, du reste, impossible, pour l'exécution du programme général, puisque la plupart des tribus de l'Algérie seront atteintes par des expropriations ; or, il est évident qu'on ne saurait songer à constituer partout et en même temps la propriété individuelle, même en admettant que la procédure soit rendue plus expéditive, et que l'on restreigne cette mesure aux terres Sabegas.

Concours de rédacteurs des préfectures

Mais il est un moyen très-simple et peu coûteux de hâter la rédaction des actes de notoriété destinés à remplacer les titres de propriété des Indigènes ; il a été exceptionnellement mis en usage, quelquefois, dans le département d'Oran, où les expropriations sont fréquentes, les terres domaniales colonisables y faisant presque complètement défaut. Ce moyen consiste à déléguer sur place, en le mettant à la disposition de l'administrateur local, un des rédacteurs du Bureau de la colonisation à la Préfecture, habitué à ces travaux qui constituent de véritables spécialités. En formant dans chaqne département, suivant les besoins, un nombre sufflsant de ces employés, choisis parmi ceux ayant des connaissances en langue arabe et en droit musulman, tout le domaine colonisable pourrait être constitué à bref délai. Le travail de reconnaissance une fois effectué consciencieusement sur le terrain, pour plusieurs centres d'une même région, le même employé rentrerait dans les bureaux de la Préfecture, afin d'y préparer les projets d'arrêté et suivre chaque expropriation jusqu'à liquidation complète. Incidemment, nous ferons remarquer qu'il y aurait utilité, lors de l'exécution du programme général, à scinder le Bureau de la colonisation dans les Préfectures, en deux sections et à désigner un sous-chef pour le contrôle exclusif des employés chargés des créations de centres.

Levés réguliers

Il sera également indispensable d'augmenter le nombre des géomètres chargés de dresser les levés réguliers au 1/4000. C'est là encore un point important, car l'on sait qu'un bon opérateur ne peut guère lever que 5000 hectares par an ; il faut, en outre, prévoir les délais nécessaires pour faire la triangulation, les calculs des contenances et les vérifications. Or, l'établissement des plans réguliers a souvent été la cause principale de retards dans les liquidations d'expropriations.

—

Abrogation du décret de 1858

L'ensemble de ces mesures permettrait à l'administration de renoncer, pour les créations de centres, aux prises de possession d'urgence, autorisées par le décret du 11 juin 1858, lequel ne recevrait plus d'application que pour l'exécution des travaux publics, qu'a souvent facilités cette procédure, en rendant de grands services à l'intérêt général.

Ainsi que l'a fait remarquer M. le premier président de la Cour d'appel d'Alger, au Conseil supérieur, dans la session de 1881, ce décret, dans la pensée expressément indiquée du législateur, ne devait être appliqué que lorsque l'urgence ne permettrait pas d'accomplir les formalités prescrites par l'ordonnance de 1844.

La prise de possession pour ainsi dire immédiate devait donc être l'exception, alors qu'elle est devenue la règle, d'une utilité contestable quand il s'agit de peuplement. L'administration n'a été conduite à la généraliser ou tout au moins à s'en réserver toujours la faculté d'application, qu'en raison de son désir de réaliser en temps utile ses programmes de colonisation dont nous demandons la suppression.

—

Modification de l'ordonnance de 1844

Enfin, nous rappellerons que le Conseil supérieur a émis un vœu tendant à ce que la procédure exceptionnelle instituée par l'ordonnance du 1er octobre 1844 soit remplacée par la procédure ordinaire, avec débat oral public, sans admettre toutefois l'appel. Quant au vœu que l'expropriation, avec prise de possession d'urgence, ne soit, à l'avenir, poursuivie qu'à titre d'exception, s'il n'a pas été adopté par cette Assemblée, c'est par la raison indiquée par M. Trech, qu'il s'agit d'une recommandation à adresser à l'administration et qu'il serait anti-juridique de l'inscrire dans une loi. Nous en convenons, mais il est possible au législateur de distinguer, en maintenant le décret de 1858, pour l'exécution des travaux publics et en prohibant son application pour l'acquisition des territoires à allotir.

AGISSEMENTS DE LA SPÉCULATION

—

Achat d'indemnités

On ne saurait nier que les prises de possession d'urgence aient donné lieu parfois à des abus de la part de spéculateurs qui ont acheté aux Indigènes, moyennant une somme dérisoire et au moyen de manœuvres coupables, leurs indemnités d'expropriations. Ces faits sont restés isolés jusqu'ici, mais il y aurait danger à les voir se généraliser au cours de la réalisation du programme général qui nécessite des expropriations dans de grandes proportions, si les indigènes ne recevaient pas l'assurance la plus formelle que l'Etat renoncera à l'avenir aux prises de possession d'urgence pour des créations de centres. Le législateur agira donc sagement en leur donnant cette garantie par l'inscription de ce principe dans la loi à intervenir,

—

Achat des terres

L'application du décret de 1858 avait amené d'autres

agissements de la spéculation plus graves encore et plus fréquents, qu'il importe absolument de déjouer par des mesures spéciales, pour sauvegarder les intérêts des Indigènes, du trésor et de la colonisation. Des tendances se sont manifestées, en effet, parmi les indigènes, notamment dans le département d'Oran, à vendre leurs terres à des capitalistes, même à vil prix mais au comptant, dès qu'ils apprennent que la colonisation doit s'en emparer, par la publicité que les études des Commissions de centres ou d'arrondissement donnent ordinairement deux ou trois ans à l'avance aux projets de l'administration.

Les intérêts du Trésor sont lésés

Le succès obtenu par les spéculateurs les a encouragés dans cette voie, car les bénéfices sont considérables et certains, soit que les territoires achetés restent entre leurs mains, car alors, sans qu'il soit nécessaire pour l'acquéreur d'y faire des travaux d'améliorations, ils acquièrent une plus-value très-sensible par le voisinage d'un centre, — soit qu'ils soient expropriés à leur encontre, car, dans ce cas, ils prennent, par le seul fait que l'élément Européen y a pénétré, une plus-value incontestable dont les tribunaux ne peuvent guère se dispenser de tenir compte pour l'estimation des indemnités. Ajoutons que la fraude contribue parfois à l'élévation de cette évaluation, certains spéculateurs prenant la précaution de faire mentionner dans leur contrat d'achat un prix supérieur à celui qu'ils ont réellement payé aux Indigènes.

Les intérêts des Indigènes sont lésés

Ce dernier est généralement très-inférieur à la valeur des terres. Il arrive aussi que les droits des absents, des femmes et des mineurs, insuffisamment protégés par la loi musulmane, soient profondément lésés. L'Indigène est donc doublement victime de son imprévoyance et les conditions dans lesquelles se produisent ces transactions sont de nature à susciter, entre les parties contractantes, de fréquentes contestations dans lesquelles l'Européen, rompu aux règles de notre procédure a tous les avantages.

Les intérêts de la colonisation sont lésés

Mais si les intérêts des Indigènes, et ceux du trésor, obligé de payer ainsi les terres plus cher, sont compromis par ces agissements, leur conséquence est non moins funeste à la colonisation, dont les intérêts sont plus importants encore parce qu'ils sont d'utilité publique et que le peuplement de l'Algérie, par nos nationaux, s'impose comme un but politique et économique de premier ordre.

Or, quel parti l'administration doit-elle prendre, lorsqu'au moment d'exproprier nn territoire, pour le coloniser, elle se trouve en présence d'un spéculateur qui s'en est emparé ?

Faut-il, dans ce cas renoncer à la création de centre projetée ! Au premier abord, il semble, en effet, que ce soit la meilleure solution, car, évidemment l'Etat ne doit pas entraver l'essor de la colonisation privée par l'initiative individuelle, et il semble peu rationel d'exproprier des Européens à prix d'argent pour donner leurs terres gratuitement à des immigrants ou à d'autres petits agriculteurs du pays. Mais il y a lieu de remarquer, qu'en général, ces détenteurs n'ont fait ces acquisitions que dans un but de spéculation, sans profit pour la mise en valeur de la colonie ; la plupart du temps, ils se bornent à les louer aux anciens propriétaires, pour un prix très-rénumérateur, en attendant que la colonisation officielle ait pénétré jusqu'à leur propriété, moment qui peut être retardé indéfiniment. Que dire, lorsque ces acquisitions se produisent dans des territoires où n'a pas été faite l'application du §2 de l'article 2 du Sénatus-Consulte de 1863, c'est-à-dire la délimitation entre les biens melk possédés à titre de propriété privée, les seuls aliénables, d'une part, et ceux détenus à titre de jouissance collective dont la vente a été interdite et les communaux, d'autre part ? Les plus grands abus peuvent s'y produire à la faveur des actes de notoriété dressés pour la justification des droits de propriété des vendeurs par les cadhis, sur la foi de témoins indigènes peu dignes de foi pour la plupart et en dehors de tout contrôle de l'administration. Pense-t-on que les indigènes se fassent scrupule de comprendre dans ces ventes soit des biens communaux, soit des terres collectives dont ils n'ont pas personnellement la jouissance, en s'assurant, au besoin, la complicité des Djemaas, vénales par tempérament et d'autant plus disposées à se faire acheter à vil prix leur assentiment, que la communauté possède, en général, des terres en quantité beaucoup plus considérables que celles qu'elle peut mettre en valeur.

Sans doute, l'article 14 de la loi du 16 juin 1851 avait dépassé les bornes, en édictant l'interdiction absolue des droits de propriété ou de jouissance portant sur le territoire d'une tribu au profit de toute personne étrangère à cette dernière. Cette disposition a été abrogée par le décret du 21 février 1859, suspendu peu de temps après, et déclarant libres en Algérie, sans distinction de territoire, les transactions immobilières portant sur des biens possédés *en vertu de titres réguliers de propriété privée.*

L'article 6 du Sénatus-Consulte du 22 avril 1863 a rapporté purement et simplement l'article 14 de la loi de 1851. Mais le Gouvernement s'étant ému à la suite d'achats considérables faits récemment par des européens dans des territoires non sénatus-consultés et qui ont donné lieu à une enquête, il serait question de faire revivre les garanties exigées par le décret de 1859 et de ne pas admettre les actes de notoriété des cadhis, si susceptibles d'abus, comme titres réguliers permettant l'aliénation, même en ce qui concerne les terrains melks.

Quoiqu / il en soit, lorsque les terres sont de bonne qualité, les eaux pour l'alimentation abondantes, la salubrité parfaite, l'intérêt général, lequel doit toujours primer les intérêts particuliers, commande d'y installer un groupe de colons nombreux qui défricheront, peupleront et, après avoir prospéré, formeront un noyau auquel viendront se rattacher d'importantes acquisitions de terres faites par eux dans les tribus environnantes, dans le but d'être mises en valeur par ces vrais travailleurs. A moins de sacrifices trop considérables à consentir, l'administration doit donc poursuivre son projet de création malgré les achats faits dans le territoire qui y est destiné.

C'est ce qui, dans la pratique, a été fait le plus souvent jusqu'ici. On s'est attaché toutefois à laisser aux acquéreurs Européens toutes les terres qui n'ont pas semblé absolument indispensables à l'assiette du futur village et à ses dépendances.

Mais cet expédient, qui n'a qu'un but, celui d'une économie pour le trésor, n'est pas sans nombreux inconvénients. Outre que les prix d'expropriation en sont augmentés, l'existence, au milieu des périmètres de colonisation, de vastes réserves particulières, complique l'allotissement des terres de culture ; elle oblige à placer excentriquement certains lots reportés ainsi à quatre, cinq ou six kilomètres et rendus, par suite, d'une exploitation difficile dans un pays où la chaleur se fait vivement sentir aux moissonneurs et aux animaux de travail, et où l'eau potable ne se trouve pas partout. D'autre part, l'administration est souvent obligée, dans ces circonstances, de restreindre le nombre des feux prévus pour ces villages, en amoindrissant ainsi leurs éléments de vitalité, de sécurité et de vie municipale propre. Or, les grandes propriétés, souvent en friche, qui enserrent ces agglomérations constituées sur des bases trop petites, leur enlèvent la faculté de s'agrandir et de sortir des conditions médiocres ou ils végèteront longtemps.

On n'a pas oublié les récriminations des colons, sur de nombreux points de l'Algérie, contre certaines Sociétés dont les vastes domaines forment des barrières infranchissables à l'extension des villages.

Nos gouvernants ont souvent regretté, en présence des faits accomplis, de ne pouvoir intervenir pour remédier à ces situations funestes pour les intéressés. Mais l'administration supérieure a pour devoir de ne pas créer de semblables difficultés aux immigrants qu'elle appelle en Algérie, mais de sauvegarder, au contraire, les éléments de leur prospérité, dans l'avenir, par la faculté d'accroître leurs propriétés.

—

Immobilisation temporaire des terres

Les considérations qui précèdent nous semblent justifier la nécessité de prendre temporairement une mesure radicale pour assurer l'exécution du programme général dans de bonnes conditions.

Cette mesure consiste dans l'autorisation à conférer, au

gouverneur général, de prendre, tout au moins pendant la période de formation du domaine colonisable, des arrêtés spéciaux déclarant d'utilité publique l'acquisition de tel territoire désigné pour une création ou un agrandissement de centre, et y interdisant, à partir de ce jour et pendant deux ans, par exemple, toute transaction territoriale, à peine de nullité. A chacun de ces arrêtés sera annexé un plan périmétrique indiquant les limites des terres inaliénables et leur contenance telle qu'elle résultera des documents provisoires ou définitifs existants. Ces arrêtés seront publiés et affichés dans la commune de la situation des biens, aux chefs-lieux de l'arrondissement et du département, et insérés dans un journal désigné pour les annonces légales; enfin ils seront transcrits au bureau des hypothèques compétent.

L'administration fera immédiatement, ensuite, procéder au levé régulier des terres et à la reconnaissance de la propriété. Si, dans le délai fixé, les diligences n'ont pas été remplies pour faire prononcer, conformément à l'ordonnance du 1er octobre 1844, l'expropriation des terrains compris dans le périmètre visé par l'arrêté, l'interdiction d'aliéner se trouvera levée de plein droit. Dans le cas où, pour une cause quelconque, l'Etat renoncerait à la création ou à l'agrandissement projetés, un nouvel arrêté, auquel il sera donné la même publicité qu'au premier, lèvera la défense de transactions immédiatement et sans attendre l'expiration du délai de deux ans.

Objectera-t-on que cette mesure est une atteinte à la propriété? Elle ne léserait aucun droit acquis chez les Européens; quant aux Indigènes propriétaires, nous avons prouvé qu'elle protégerait leurs intérêts réels.

Enfin, elle se justifie par les sacrifices extraordinaires consentis exceptionnellement par la métropole et qu'il

importe de ne pas abandonner en partie à des spéculateurs, mais de consacrer exclusivement au profit des
intérêts supérieurs de la colonisation officielle, surtout si
l'on songe qu'il s'agit de son dernier effort.

RÉPARTITION DES CRÉDITS

Emprunt à contracter

Le principal obstacle à la formation préalable du domaine colonisable, est la répartition de la dépense en
cinq années par sommes égales, alors qu'il serait nécessaire de pouvoir disposer au moins des trois quarts du
crédit total, pendant les deux premiers exercices. L'économie à réaliser, en procédant ainsi, serait si considérable
pour le trésor, qu'elle justifierait un emprunt dans ce
but. —

D'autres raisons militent en faveur de cette combinaison.

La depénse que nécessiterait la réalisation complète
du projet de programme général présenté au Parlement,
serait de cent dix millions. Or, les frais de personnel
supplémentaire d'ingénieurs, de géomètres et d'employés de l'administration, ainsi que ceux relatifs aux levés
réguliers et à l'établissement des projets définitifs de travaux d'installation, s'élèveront ensemble à près d'un demi-
million par an. Il faut y ajouter un million et demi pour
l'achèvement des anciens centres, les subventions aux
communes pour travaux d'eaux et les plantations, dé-
penses inscrites actuellement au chapitre 54 du budget du
ministère de l'intérieur (ancien chapitre XVI du budget
de l'Algérie) sous la dénomination de travaux (ordinai-
res) de colonisation ; soit un total annuel de deux millions et pour cinq années, dix millions.

Si le domaine colonisable n'était pas constitué au préalable, la plus-value successive des terres représenterait une dépense supplémentaire que nous avons cru pouvoir estimer à dix millions également.

Sur les cinquante millions qui seraient alloués, il ne resterait donc plus que trente millions à affecter par moitié environ aux travaux d'installation et à l'acquisition des terres aux prix prévus dans le projet présenté au Parlement, au lieu de cent dix millions.

Le domaine possède, il est vrai, en Algérie, 865,000 hectares; mais dans ce nombre sont compris, outre les immeubles réservés pour être concédés aux communes ou aux départements, ceux consignés pour ordre, ainsi que de vastes superficies de terres inhabitées et inhabitables comme lacs salés, dunes de sable, etc. Les territoires utilisables par la colonisation n'ont qu'une étendue totale de 93,000 hectares, situés pour la plupart dans le département de Constantine, ne pouvant servir, par suite, à des échanges avec les indigènes des départements d'Alger et d'Oran. Leur emploi a été déjà prévu, d'ailleurs, dans le programme général dont le devis s'élevant à cent dix millions suppose cette utilisation.

Pour ramener la dépense à cinquante millions, il a été entendu avec la commission du budget, qu'après examen aprofondi, l'administration renoncerait à la création d'un certain nombre de villages et que le soin de compléter l'œuvre de la colonisation officielle serait laissé dans une plus large mesure à l'initiative privée aidée seulement par des voies de communications à ouvrir au moyen de crédits prélevés sur le budget extraordinaire.

On ne saurait se dissimuler que le projet, dont l'exécution, suivant un plan d'ensemble complet, présenterait de si précieux avantages, se trouverait ainsi profondément modifié, par une réduction des trois quarts environ, suivant notre estimation, puisqu'au lieu de cent dix millions on ne disposerait que de trente millions en réalité, en admettant que notre proposition de constituer le domaine colonisable immédiatement ne soit pas adoptée.

Cette solution radicale est, d'autre part, moins économique pour le trésor qu'on pourrait le croire tout d'abord ; les villages maintenus seraient, en effet, certainement ceux qui devaient être créés dans le sud du Tell, région où la colonisation n'a pas encore pénétré et qu'il importe au premier chef d'occuper définitivement, en y implantant une population européenne aussi dense que possible ; or, dans ces conditions, le régime de la concession gratuite pourra seul être appliqué, Le trésor se trouvera donc privé de la presque totalité des ressources que devait lui constituer la vente d'une portion des périmètres des nouveaux centres de colonisation et des agrandissements ; or, ces recettes eussent pu être employées pour porter les efforts de la colonisation sur un plus grand nombre de points.

Nous n'insisterons pas, à cette occasion, sur l'utilité si éloquemment exposée du programme général pour l'exécution duquel, ainsi que l'a fait observer M. le gouverneur général à la commission du budget, les crédits demandés ne constituent qu'une simple avance laquelle serait largement remboursée à l'Etat, d'une part, par l'accroissement de la richesse générale et par suite du rendement proportionnel des impôts à payer par les nombreux Européens amenés dans la colonie, et d'autre part, par la plus-value rapide des terres livrées au peuplement dont la plus grande partie peut être vendue au lieu d'être concédée gratuitement. Les terres ont, en effet, partout doublé de valeur en Algérie depuis cinq ou six ans et la même progression est à prévoir pour l'avenir.

Si en 1876 il eût été donné suite au premier projet de programme général proposé par l'administration, l'économie eût été considérable. Il est vrai qu'à cette époque cette opération ne pouvait être complète, la moitié du Tell se trouvant encore en territoire de commandement.

Le moment est solennel pour l'avenir de l'Algérie ; si on laisse échapper la dernière occasion de donner une vive impulsion à son peuplement et à sa mise en valeur, l'extension de notre colonisation dans ce pays sera indéfiniment retardée, la plus-value des terres devant bientôt rendre trop onéreuse, pour être possible, l'action indispensable de l'Etat dans un pays neuf nécessitant des travaux de routes, d'adduction d'eau, etc, que l'initiative *privée* est impuissante à exécuter.

Les intérêts bien entendus des Indigènes eux-mêmes commandent l'achèvement de notre œuvre colonisatrice. L'expérience du passé prouve qu'à notre contact l'Indigène améliore ses cultures et trouve des éléments considérables de prospérité, par la facilité des transactions. Dans ces trente dernières années, leurs ensemencements de céréales, leur principale production, ont plus que triplé en étendue et en rendement, malgré le prélèvement, en faveur de la colonisation, d'une superficie de terres à peu près égale à celle que nécessitera l'exécution du programme général.

En résumé les cinquante millions seront insuffisants pour l'exécution du programme général dans des conditions qui en assurent la réussite complète ; d'un autre côté, le déficit constaté dans les finances de la métropole ne permet pas de demander un capital supérieur, le parlement hésitant déjà à voter celui de cinquante millions. La meilleure solution pratique à ce dilemne nous semble consister dans un emprunt de cent millions amortissable en dix ou quinze annuités.

—

Caisse de colonisation

Ce capital pourrait servir de première mise de fonds pour la fondation d'une caisse de colonisation, destinée à l'exécution du plus grand nombre possible de créations projetées au programme général et à l'achèvement des anciens centres dont il faut assurer la prospérité. Cette caisse serait alimentée en outre par les produits de la vente partielle des terres comprises dans les périmètres de colonisation et de celle des terres domaniales de toute nature non utilisables par la colonisation directement ou pour des échanges, soit actuelles soit susceptibles de le devenir au fur et à mesure de l'application de la loi du 26 juillet 1873, permettant de reconnaître les biens vacants, — par l'aliénation des territoires que détient le service forestier et qui, par leur nature ne pourraient pas être conservés à l'état boisé, — par les produits des séquestres à la suite de mouvements insurrectionnels, enfin, par les subventions des départements et des communes de France et d'Algérie, les dons, legs, recettes accidentelles, etc.

MODE DE PUBLICITÉ

—

Inconvénients des programmes annuels

Les documents dits programmes annuels de colonisation qui ont servi, jusqu'à ce jour, pour porter à la connaissance du public, en France et en Algérie, les centres que l'administration se propose de peupler, constituent un mode de publicité ayant le double inconvénient d'être inexact et dangereux.

—

Leur inexactitude

L'inexactitude provient de ce que ces programmes sont publiés au commencement de l'année, c'est-à-dire à un moment où il n'a pas encore été procédé à des études définitives et où, par suite, il n'est pas possible de se rendre compte des modifications qu'elles nécessiteront suivant les difficultés plus ou moins grandes à vaincre dans chaque cas particulier pour la constitution de la propriété, les expropriations, les lotissements, les levés réguliers, le captage des sources, les travaux publics en général et, en un mot, cet ensemble complexe et délicat que comporte une création de centre subordonnée à tant d'imprévus, sans compter les obstacles de la spéculation.

L'administration prend ainsi des engagements qu'elle ne peut, pour ainsi dire, jamais remplir intégralement. La réalisation du programme annuel suppose, en effet, que tous les centres désignés seront prêts à être mis en peuplement en même temps. Or, telle création exige un an pour l'achèvement des études sur le terrain et des travaux publics, tel autre ne peut être prêt qu'après trois années, si, par exemple, l'eau d'alimentation doit être fournie au moyen d'un barrage ou qu'il y ait lieu d'ouvrir une route d'une grande longueur.

Aucun document ne permettant à ceux qui, en France, se proposent d'émigrer, de se rendre compte d'une façon exacte des territoires réellement disponibles leurs demandes de concession se portent tantôt sur des centres déjà peuplés complètement, tantôt sur d'autres abandonnés quoique portés au programme; quant aux créations entreprises hors programme, rien ne les leur fait connaître. De là un désarroi d'autant plus complet dans l'immigration qu'aucune autorité en France, pas même à la direction de l'Algérie à Paris, n'est mise en état de leur fournir des renseignements.

—

Leur impossibilité d'exécution

Il avait été entendu, en principe, que l'admission des futurs colons leur serait notifiée dès le mois de mai, dans le but de leur permettre de prendre les dispositions nécessaires pour émigrer et se fairé mettre en possession au mois de septembre, afin de profiter de la campagne agricole s'ouvrant à ce moment. A cet effet, une circulaire de M. le général Chanzy, en date du 4 avril 1877, prescrivait de soumettre à son approbation, au 1er août les avant-projets du programme de l'année suivante et au 15 février suivant les projets définitifs. Ce délai de cinq mois pour établir des documents de cette nature, était déjà insuffisant, toutes les fois qu'il y avait lieu de recourir à l'expropriation pour assurer la disponibilité du territoire. Le levé régulier indispensable pour la liquidation des indemnités et l'application du lotissement demande six mois pour être établi. Les travaux publics ne pouvaient, d'autre part, que rarement être adjugés et terminés à temps.

Aussi est-il arrivé, au début de l'exécution de ces instructions, que l'administration, pressée par le temps et animée du désir de remplir ses promesses, a été amenée à installer les colons non-seulement avant d'avoir payé leurs terres aux Indigènes, mais parfois avant d'avoir achevé d'ouvrir une voie d'accès ou d'avoir pourvu d'une façon certaine à l'alimentation en eau potable. La presse Algérienne a souvent retenti, à cette époque, de plaintes

d'attributaires placés dans des conditions aussi défec-
tueuses. Quant aux indigènes, le tort qui leur a été
causé à ce moment, dans certains cas exceptionnels, a été
rappelé récemment à la tribune de la Chambre des députés. Ces errements ont été abandonnés, sauf à retarder
l'époque des peuplements.

Dès 1878, M. le général Chanzy avait reconnu l'insuffisance des délais prévus pour achever la plupart des
centres et avait recommandé, par une circulaire du 16
mai de cette année, de préparer les programmes deux
années à l'avance. En raison de l'insuffisance du personnel qu'il eût fallu pouvoir doubler, pendant la première année au moins, et des entraves de la spéculation,
cette mesure n'amena aucun résultat. Dans le
département d'Oran, par exemple, sur huit centres
adoptés en 1880 par le Conseil général pour le programme 1882, cinq durent être abandonnés pour des
motifs divers.

Peuplements tardifs

D'année en année, l'époque de la mise en peuplement
dut être reculée encore davantage, pour deux motifs prin-
cipaux. D'abord, l'expérience ayant démontré les inconvénients de centres ne comprenant qu'un petit nombre
de feux, il fut décidé qu'à l'avenir toutes les créations
seraient constituées sur des bases plus larges. Mais il est
évident que pour exproprier et allotir un territoire d'une
étendue double ou triple, et pour faire les travaux nécessaires à l'installation d'un nombre de colons correspon-
dant sur un même point, il faut beaucoup plus de temps
pour chaque centre. En outre, à partir de 1879, le Gouvernement général ayant décidé que les programmes de
colonisation seraient soumis au Conseil supérieur dont

les sessions ne se tiennent qu'en décembre, leur approbation de principe n'a pu être notifiée qu'au mois de février ou mars de l'année donnant son nom au programme, au lieu de l'être au mois d'août de l'année précédente.

C'est ainsi que contrairement à la règle tracée à l'origine, l'administration a été conduite à ne plus peupler qu'au mois de décembre, époque entre toutes la plus défavorable.

Cette constatation et les considérations qui précèdent suffisent pour qu'il ne soit pas nécessaire d'insister davantage sur la nécessité de supprimer à tout jamais les programmes annuels qui n'ont créé à l'administration que des embarras et l'ont fait soupçonner souvent de mauvais vouloir en France où l'on ne se rend pas compte en général des difficultés à vaincre.

Publicité métropolitaine

Le mouvement d'immigration dépassant, depuis quelque temps, de beaucoup le nombre de concessions disponibles, l'administration n'a pas cru devoir prendre des mesures de publicité spéciales pour détourner vers l'Algérie, par une propagande active, le courant de nos cultivateurs français qui s'expatrient pour des pays lointains, comme l'ont fait un certain nombre de nos nationaux, principalement dans les départements du midi de la France atteints par le phylloxera.

En vue de l'exécution du programme général, il y a lieu d'organiser, dans ce but, une publicité efficace.

En premier lieu, des bureaux de renseignements spéciaux devraient être institués, dans chaque préfecture et sous-préfecture de France. Comme conséquence logique des rattachements inaugurés par le décret du 26 août, la direction de l'Algérie au ministère de l'intérieur, à doter, à cet effet, d'un personnel suffisant, centraliserait cette organisation. Elle aurait pour mission d'adresser aux préfets de la métropole, qui les transmettraient aux sous-préfets respectivement sous leurs ordres, des instructions précises sur la compositiou de ces bureaux dans chaque arrondissement, sur les formalités à remplir par ceux qui désirent se rendre en Algérie, sur les lots disponibles à vendre ou à concéder gratuitement et leur situation, sur les voies de communication pour y accéder, sur le climat, les productions possibles, la sécurité, les facilités de transport offertes aux immigrants, les richesses miniéres et forestières de la colonie, son industrie, son commerce, etc.

La direction de l'Algérie servirait également d'intermédiaire entre le Gouvernement général et les bureaux d'arrondissement métropolitains, pour tenir ces derniers, et par suite tout le public de France, au courant des créations de centres et de l'exécution des travaux de colonisation.

A cet effet, aussitôt après avoir approuvé les projets définitifs de chaque création (lotissement, expropriation et travaux d'installation) le Gouvernement général adresserait à Paris, avec documents à l'appui, un rapport circonstancié sur les conditions dans lesquelles se trouveront placés les futurs colons et indiquant aussi approximativement que possible l'époque probable à laquelle il sera procédé au peuplement, soit par la voie de la vente, soit par celle de la concession gratuite.

De ce rapport serait extraite une notice qui, par les soins des bureaux d'arrcndissement, serait portée à la connaissance des agriculteurs français, à l'aide de la presse officielle ou privée, sous forme d'annonces légales, et par tous les moyens de publicité dont ils pourront disposer.

L'administration ferait connaître successivement, par la même voie, la mise en adjudication des travaux, l'époque exacte de la mise en peuplement après leur achèvement et enfin, par un état mensuel, tous les lots vacants.

Cette publicité serait complétée par des missions confiées à des employés détachés temporairement des bureaux de la colonisation, du Gouvernement général et des préfectures de l'Algérie, pour parcourir, à des époques fixes, les départements vinicoles français et vulgariser les notions sur l'Algérie, si peu connue de nos compatriotes, par des conférences destinées à faire disparaître les préjugés et les préventions injustes contre notre Colonie. Ces délégués guideraient les émigrants dans le choix des localités convenant le mieux à leurs aptitudes et à leur tempérament. Ils fourniraient également aux bureaux de renseignements des arrondissements tous les éclaircissements qui leur seraient demandés et rendraient compte à la direction de l'Algérie au ministère de l'intérieur, du résultat de leurs observations, au cours de leurs tournées, sur le fonctionnement des bureaux de renseignements, sur les résultats obtenus dans l'esprit public et sur les modifications à y apporter ; ils signaleraient enfin, à l'administration algérienne, par la même voie hiérarchique, les localités où se produiraient collectivement un certain nombre de demandes d'attributions territoriales, de façon à permettre de les grouper dans un ou plusieurs villages en voie de création en Algérie et de former des peuplements dont l'origine homogène constituerait un élément de prospérité.

En présence des résultats qui en seraient la conséquence, la dépense nécessaire à cette organisation serait minime. Non-seulement les cultivateurs français, certains, désormais, de ne plus aller à l'inconnu et dépouillés de toute prévention contre notre Colonie, se résoudraient plus facilement à s'expatrier ; non-seulement le mouvement d'immigration prendrait un essor considérable, mais, grâce à la publicité que nous proposons, le public, initié à la marche laborieuse des travaux de colonisation exécutés par l'administration algérienne, rendrait justice à ses efforts, aux progrès accomplis, à ceux réalisés chaque jour ; il se rendrait compte de la fécondité du territoire, de la variété des ressources et de tout l'avenir de l'Algérie Il ne se trouverait plus de publiciste pour conseiller, de bonne foi, son abandon pur et simple, et l'opinion générale cesserait de croire à cette calomnie si répandue, que le Français ne sait pas coloniser.

En outre, cette publicité métropolitaine donnée aux actes du Gouvernement général, en ce qui concerne la colonisation, constituerait le meilleur moyen de contrôle, pour le Parlement, sur l'emploi des crédits alloués, et ferait disparaître l'hésitation qu'ont témoignée parfois certains de ses membres éminents à laisser au Gouverneur général l'initiative ainsi que la liberté d'action qui lui sont nécessaires pour mener à bonne fin une œuvre aussi complexe. Enfin, cette promesse de publicité serait, peut-être, un des meilleurs arguments pour décider, en ce moment, de nombreux membres des deux Chambres législatives à se rallier au vote des crédits demandés.

PROJETS DE LOI COMPLÉMENTAIRES

—

Crédit aux colons

Deux projets de loi sont le complément de celui des cinquante millions. Nous ne parlerons ici que pour mémoire de celui tendant à instituer une hypothèque privilégiee en faveur du prêteur, lorsque les fonds sont destinés à des travaux d'améliorations agricoles ou des achats de cheptel. Les délibérations intervenues, à ce sujet, à la Chambre des députés et au Sénat, sont assez avancées pour qu'il soit permis d'espérer que cette loi sera promulguée à bref délai.

Mode d'attribuiion des terres domaniales

Il en est différemment du projet concernant le mode d'attribution des terres domaniales en faveur de la colonisation, qui, logiquement, devrait être déterminé en même temps que l'adoption du programme général, dont la dépense définitive, restant à la charge de l'Etat, variera suivant le système adopté pour l'attribution des terres colonisables.

Nous avons examiné, ailleurs, sous toutes ses faces, cette question qui, depuis quarante ans, a été l'objet de vives discussions dans la presse algérienne ainsi qu'au sein des assemblées délibérantes de la Colonie, et a donné lieu à quatre législations successives, depuis l'arrêté du général Bugeaud, en 1841, jusqu'au décret du 30 septembre 1878, actuellement en vigueur.

Le projet de loi déposé par le gouvernement, au mois de juillet 1880, doit inaugurer un système mixte auquel se sont ralliées presque toutes les opinions. Au moment de l'approbation du lotissement, le Gouverneur général déterminera, sur l'avis du Conseil du gouvernement, les lots qui peuvent être concédés gratuitement et ceux qu'il convient de vendre.

Cette disposition pourra permettre, en présence des nécessités budgétaires, de vendre tous les lots de ferme, tous ceux d'agrandissement et, immédiatement ou ultérieurement en les réservant, une grande partie de ceux des villages créés ; la concession gratuite ne serait ainsi plus admise que pour assurer l'occupation de certains points destinés à assurer la sécurité et à servir d'avant-garde à la pénétration de la colonisation dans une région.

Les conditions imposées aux attributaires seront au nombre de trois : 1° nationalité française, avec exclusion de ceux en instance de naturalisation ; 2° résidence pendant trois ans, mais avec faculté d'installer des substitués de même origine et de même nationalité ; 3° interdiction de revente aux Indigènes non naturalisés pendant une période de dix ans, et de trois ans à toutes autres personnes non admises au bénéfice de l'attribution directe.

L'article final de ce projet de loi se bornant à abroger les dispositions contraires du décret du 30 septembre 1878, de graves difficultés de jurisprudence en résulteront et il nous eût semblé préférable de refondre cette législation. Nous ajouterons sommairement quelques modifications qui nous paraîtraient utiles : 1° Aucun délai ne devrait être imposé à l'attributaire pour être affranchi des clauses résolutoires dès qu'il sera en mesure de prouver qu'il a réalisé certaines améliorations (100 fr. par hectare pour le concessionnaire et 150 fr. pour l'acheteur.)

2° L'acheteur devrait avoir à justifier, à l'expiration de la deuxième année, qu'il a réalisé au moins cinquante fr. d'améliorations utiles, par hectare, afin de prévenir la spéculation au détriment du peuplement et de la mise en valeur du sol.

3° Les mutations dans les substitués devraient être notifiées à l'administration.

4° Tout détenteur d'un lot domanial serait exclu du droit de recevoir un lot nouveau, soit par voie d'attribution directe, soit par cession ou adjudication. Mais il pourrait acheter les terres affranchies de toute clause résolutoire.

RÉSUMÉ

En résumé, les propositions qui précèdent peuvent se diviser en trois classes :

I. — *Projet de loi des cinquante millions*

Le projet de loi dit des cinquante millions, pour la colonisation officielle en Algérie, devra :

1° Devenir un projet d'emprunt de cent millions amortissable en dix ou quinze ans, de façon à permettre la formation préalable d'un domaine colonisable dans le courant des deux premiers exercices; ce capital servira de première mise de fonds pour la création d'une caisse de colonisation fonctionnant à titre de ressources spéciales.;

2° Stipuler, quant aux expropriations, que le décret du 11 juin 1858 ne pourra pas être appliqué pour des créations ou agrandissements de centres, que les indigènes recevront toujours une indemnité préalable à leur dépossession, sauf le cas d'obstacles au paiement ne provenant pas du fait de l'administration ; que le Gouverneur général, afin de faciliter les compensations territoriales, pourra exproprier une superficie supérieure à celle rigoureusement nécessaire au peuplement européen, et enfin, que la procédure écrite de l'ordonnance de 1844 sera remplacée par celle ordinaire, avec débat oral ;

3° Autoriser enfin le Gouverneur général à prononcer, par voie d'arrêtés, l'interdiction temporaire d'aliénations territoriales dans les périmètres désignés pour des créations ou agrandissements, afin de prévenir la spéculation.

Nous ne prétendons pas décider, au point de vue politique, celles de ces mesures qu'il pourrait ne pas être opportun de demander au Parlement de sanctionner. Nous avons envisagé ces questions surtout sous leurs rapports technique et administratif.

—

II. — *Projets de loi complémentaires*

Le vote, par le Parlement, des deux projets de loi relatifs au crédit aux colons et au mode d'attribution des terres domaniales, sera poursuivi aussi activement que possible.

—

III. — *Dispositions administratives*

L'administration algérienne veillera au recrutement d'un bon personnel, convenablement rétribué, non-seulement d'agents des ponts-et-chaussées et de géomètres, mais aussi d'employés de préfecture, notamment de commis-rédacteurs parlant l'arabe et connaissant le droit musulman, pour être chargés de faire la reconnaissance de la propriété dans les expropriations et de dresser les actes de notoriété destinés à remplacer les titres réguliers, pour la liquidation des indemnités.

—

IV. — *Publicité*

4º Enfin, les programmes annuels seront supprimés et remplacés par une publicité spéciale et métropolitaine.

Tel est l'ensemble des mesures que nous proposons d'adopter, dans l'intérêt de la France et de l'Algérie.

L. MATHISS.

Sidi-bel-Abbès, 15 décembre 1882.

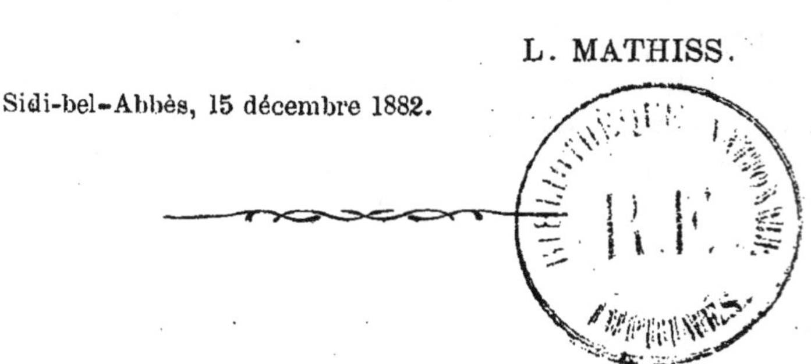